3권

비유로 배우는
하나님 나라

토기장이

토기장이 바이블 스터디 틴 시리즈는
한국교회의 청소년들이 영적으로 각성되고
말씀 위에 세워지기를 소망하며
토기장이에서 만든 청소년 성경공부 교재입니다.

특별한 표기가 없는 모든 성경 구절은 개역개정성경을 인용한 것입니다.

Contents

1. 비유로 배우는 하나님 나라

2. 청소년의 삶과 고민

3. 대림절과 크리스마스 I

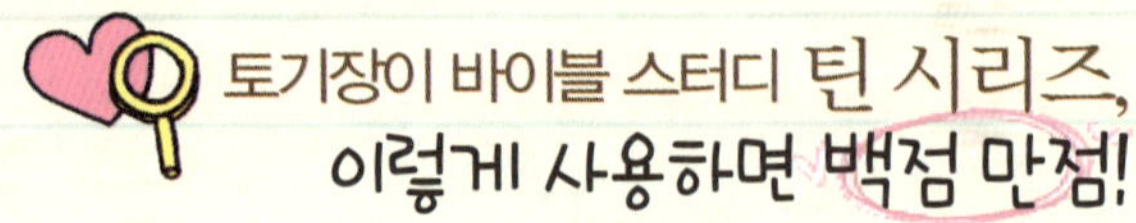

「토기장이 바이블 스터디 틴 시리즈」는 한 가지 주제 아래 통일성 있는 예배 진행을 위한 교재로서 '찬양-설교-2부 순서-성경공부'까지 물 흐르듯 연결되어 예배의 집중도를 높이고, 짧은 성경공부 시간을 최대한 활용할 수 있도록 구성된 교재입니다.

마음을 열어봐!

성경공부를 시작하기 전, 간단하지만 톡톡 튀는 아이디어들이 가득한 짧은 활동을 통해 성경공부에 대한 기대감과 흥미를 갖게 해줍니다.

성경을 열어봐!

말씀을 배우고 깊이 묵상하는 활동입니다. 설교말씀과 함께 이어지는 본문 말씀을 읽고 문제를 풀어보세요. 성령님의 도우심을 따라 말씀을 '내 것'으로 만들어 보세요.

세상을 열어봐!

배운 말씀을 삶속에 구체적으로 적용하도록 돕는 활동입니다. 이 활동을 통해 매일매일 말씀으로 살아가는 기쁨과 능력을 경험하세요. 여러분이 세상 가운데 하나님의 은혜를 흘려보내는 축복의 통로가 되기를 기대하며 기도합니다.

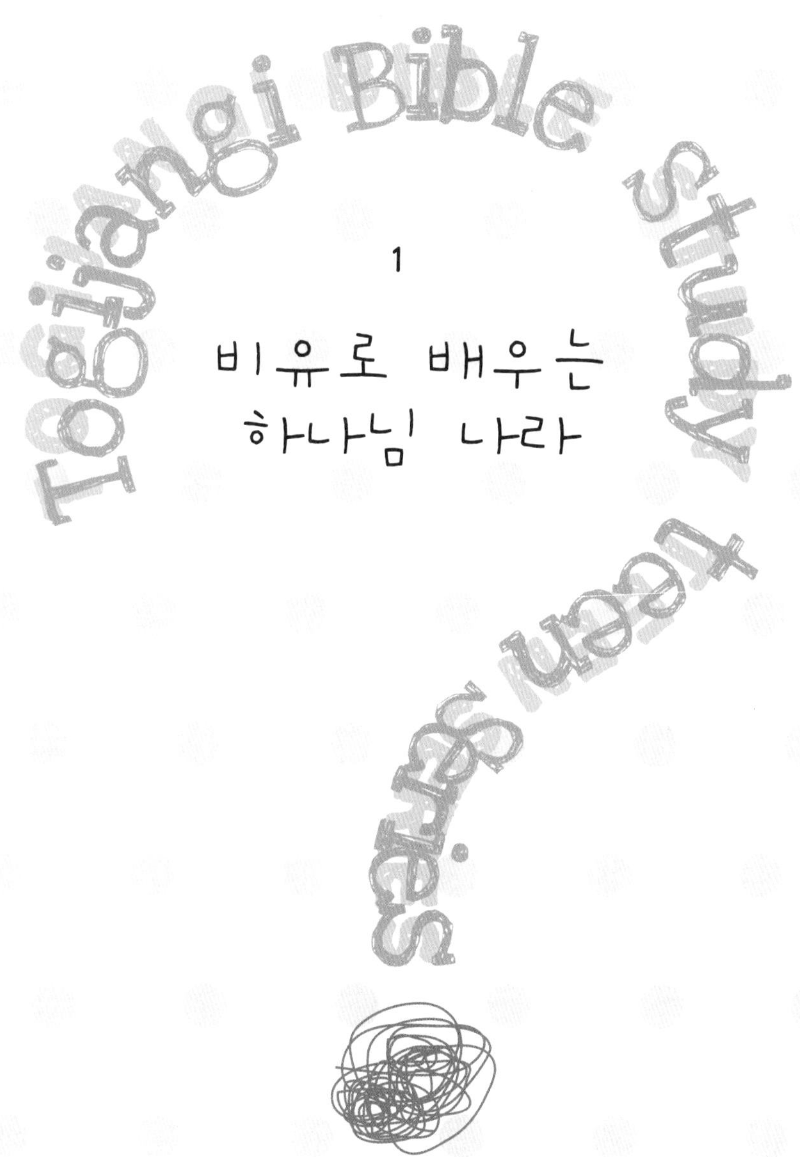

1

비유로 배우는 하나님 나라

01 소금과 빛 • **02** 반석 위에 지은 집 • **03** 선한 사마리아인 • **04** 결실을 맺는 땅 •
05 포도원 품꾼 • **06** 열 처녀 이야기 • **07** 달란트 비유 • **08** 양과 염소의 비유

소금과 빛

성경본문 마태복음 5:13-16
중심구절 마태복음 5:6

스무 고개

다음 상자에는 선생님만 알고 있는 두 가지 물건이 있습니다. 스무 고개를 통해 오늘 주제와 관련된 이 두 가지 물건이 무엇인지 맞춰봅시다. 단, 선생님은 "예, 아니오"라고만 대답할 수 있습니다.

이 물건들은 무엇에 쓰는 물건일까요?

소금과 빛

마태복음 5:13-16

13 너희는 세상의 소금이니 소금이 만일 그 맛을 잃으면 무엇으로 짜
게 하리요 후에는 아무 쓸 데 없어 다만 밖에 버려져 사람에게 밟
힐 뿐이니라
14 너희는 세상의 빛이라 산 위에 있는 동네가 숨겨지지 못할 것이요
15 사람이 등불을 켜서 말 아래에 두지 아니하고 등경 위에 두나니
이러므로 집 안 모든 사람에게 비치느니라
16 이같이 너희 빛이 사람 앞에 비치게 하여 그들로 너희 착한 행실
을 보고 하늘에 계신 너희 아버지께 영광을 돌리게 하라

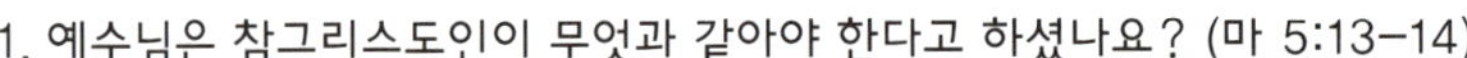

1. 예수님은 참그리스도인이 무엇과 같아야 한다고 하셨나요? (마 5:13-14)

2. 당신이 알고 있었던 소금과 빛의 특성에 대해 적어보세요.

1. .... 1. ....

2. .... 2. ....

3. 만약 소금이 맛을 잃으면 어떤 일이 일어나나요?(마 5:13)

4. 만약 빛이 말 아래 숨겨져 있다면 어떻게 되나요?(마 5:15)

5. 예수님은 우리에게 소금과 빛이 되라고 하셨는데, 구체적으로 어떻게 행동하라는 것인가요?(마 5:16)

6. 그렇다면 참된 그리스도인이 되기 위해 오늘 당장 해야 하는 일들은 무엇일까요?

임명장

당신은 예수님께 소금과 빛으로 임명 받았습니다. 그렇다면 아래의 상황에서 어떻게 소금과 빛의 역할을 감당할 수 있을지 당신의 결심을 적어보세요.

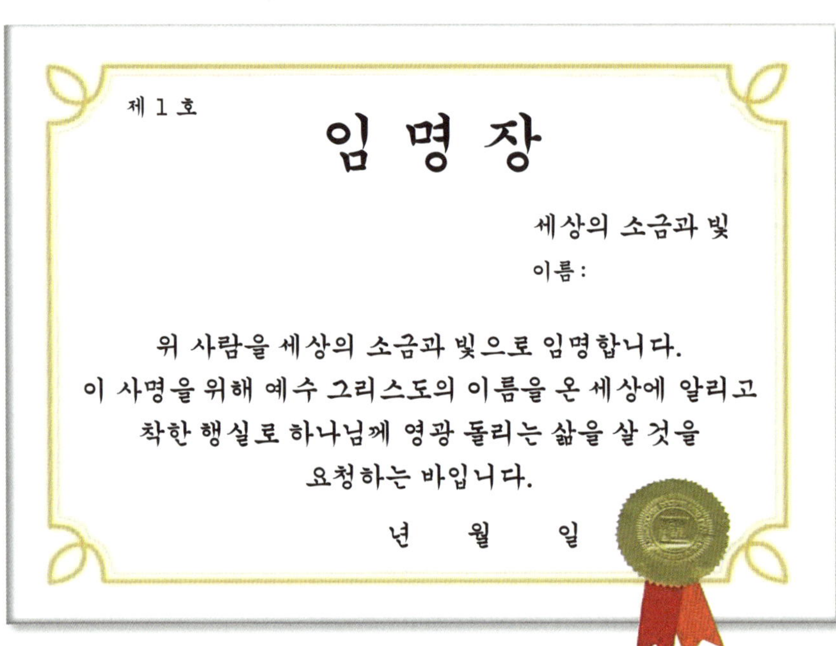

모두가 커닝할 때 ....

누군가를 왕따시키는 분위기일 때 ....

거리낌 없이 악플을 다는 인터넷 문화 속에서 ....

....

생태계 파괴, 환경오염에 대해서 ....

반석 위에 지은 집

성경본문 마태복음 7:21-29
중심구절 마태복음 7:24

당신이 원하는 집을 지을 수 있다면?

여기 당신이 원하는 집을 지을 수 있는 꿈 같은 기회가 생겼습니다. 어떤 집을 짓고 싶은지 당신의 계획을 말해보세요.

당신이 가장 비중을 둔 부분은 무엇입니까?

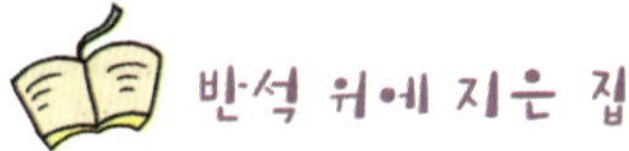

반석 위에 지은 집

마태복음 7:21-29

21 나더러 주여 주여 하는 자마다 다 천국에 들어갈 것이 아니요 다만 하늘에
계신 내 아버지의 뜻대로 행하는 자라야 들어가리라
22 그 날에 많은 사람이 나더러 이르되 주여 주여 우리가 주의 이름으로 선
지자 노릇 하며 주의 이름으로 귀신을 쫓아 내며 주의 이름으로 많은 권능
을 행하지 아니하였나이까 하리니
23 그 때에 내가 그들에게 밝히 말하되 내가 너희를 도무지 알지 못하니 불
법을 행하는 자들아 내게서 떠나가라 하리라
24 그러므로 누구든지 나의 이 말을 듣고 행하는 자는 그 집을 반석 위에 지
은 지혜로운 사람 같으리니
25 비가 내리고 창수가 나고 바람이 불어 그 집에 부딪치되 무너지지 아니하
나니 이는 주추를 반석 위에 놓은 까닭이요
26 나의 이 말을 듣고 행하지 아니하는 자는 그 집을 모래 위에 지은 어리석
은 사람 같으리니
27 비가 내리고 창수가 나고 바람이 불어 그 집에 부딪치매 무너져 그 무너
짐이 심하니라
28 예수께서 이 말씀을 마치시매 무리들이 그의 가르치심에 놀라니
29 이는 그 가르치시는 것이 권위 있는 자와 같고 그들의 서기관들과 같지
아니함일러라

1. 예수님은 자신을 주님이라고 부른다고 해서 모두 천국에 들어가지는 못한다고 하시면서 어떤 사람들이어야만 천국에 들어갈 수 있다고 하셨나요?(마 7:21)

2. 예수님의 말씀을 들을 뿐 아니라 실천하는 사람을 무엇에 비유하셨나요?(마 7:24)

3. 반석 위에 지은 집에 대한 비유가 뜻하는 것을 찾아보세요.

반석 위에 집을 지은 사람

→

비가 내리고 창수가 올 때

→

모래 위에 집을 지은 사람

→

집이 무너지는 것

→

4. 이 비유의 말씀을 통해 깨달은 것을 말해보세요.

제일 불쌍한 사람

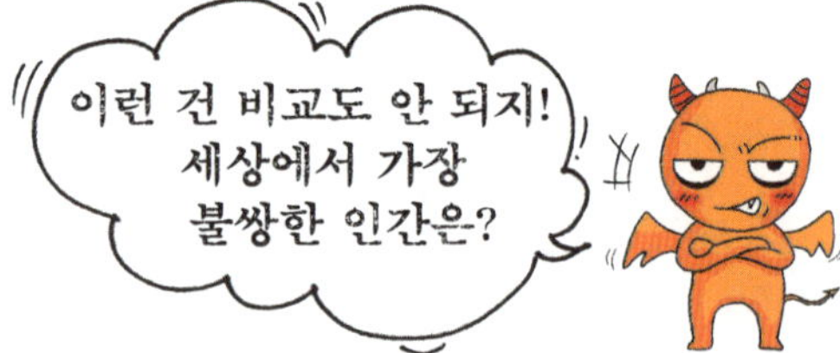

"평생 교회에 다니며 주여 주여 했는데도
천국에 못 가는 사람들!"

03 선한 사마리아인

성경본문 누가복음 10:25-37
중심구절 누가복음 10:27

사랑 circle 완성하기

아래 원은 당신이 누군가를 얼마나 사랑하는지 구분할 수 있는 원입니다. 보기의 사람들은 당신에게 어떤 존재인가요? 자유롭게, 단 솔직하게 칸을 채워봅시다.

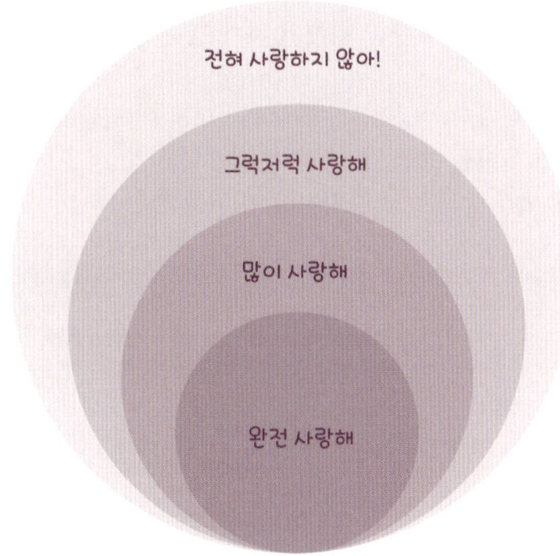

보기

나
부모님
형제
베스트 프렌드
우리반 학생들
담임선생님
나랑 싸운 아이
노숙자
옆집 사람들
엄마 친구분
양로원 노인
일본 축구팀

만약, "전혀 사랑하지 않아!" 칸에 쓴 사람들을
예수님이 사랑하라고 하시면 어떻게 하겠습니까?

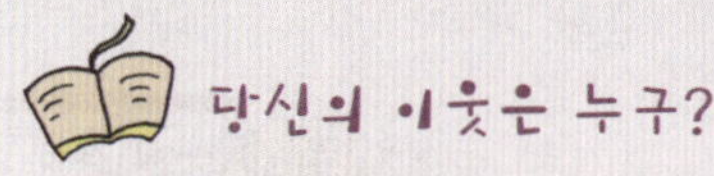

당신의 이웃은 누구?

누가복음 10:25-37

25 어떤 율법교사가 일어나 예수를 시험하여 이르되 선생님 내가 무엇을 하여야
영생을 얻으리이까
26 예수께서 이르시되 율법에 무엇이라 기록되었으며 네가 어떻게 읽느냐
27 대답하여 이르되 네 마음을 다하며 목숨을 다하며 힘을 다하며 뜻을 다하여
주 너의 하나님을 사랑하고 또한 네 이웃을 네 자신같이 사랑하라 하였나이다
28 예수께서 이르시되 네 대답이 옳도다 이를 행하라 그러면 살리라 하시니
29 그 사람이 자기를 옳게 보이려고 예수께 여짜오되 그러면 내 이웃이 누구니이
까
30 예수께서 대답하여 이르시되 어떤 사람이 예루살렘에서 여리고로 내려가다가
강도를 만나매 강도들이 그 옷을 벗기고 때려 거의 죽은 것을 버리고 갔더라
31 마침 한 제사장이 그 길로 내려가다가 그를 보고 피하여 지나가고
32 또 이와 같이 한 레위인도 그 곳에 이르러 그를 보고 피하여 지나가되
33 어떤 사마리아 사람은 여행하는 중 거기 이르러 그를 보고 불쌍히 여겨
34 가까이 가서 기름과 포도주를 그 상처에 붓고 싸매고 자기 짐승에 태워 주막
으로 데리고 가서 돌보아 주니라
35 그 이튿날 그가 주막 주인에게 데나리온 둘을 내어 주며 이르되 이 사람을 돌
보아 주라 비용이 더 들면 내가 돌아올 때에 갚으리라 하였으니
36 네 생각에는 이 세 사람 중에 누가 강도 만난 자의 이웃이 되겠느냐
37 이르되 자비를 베푼 자니이다 예수께서 이르시되 가서 너도 이와 같이 하라
하시니라

1. 예수님이 이 비유를 말씀하신 이유는 어떤 질문에 대답하기 위해서인가요?

2. 이 비유에 나오는 주요 인물들을 찾아보고, 이들이 오늘날로 말하자면 어떤 사람들에 해당할지 생각해보세요.

등장인물	오늘날에 해당하는 사람

3. 강도 만난 사람을 돕고자 했던 사마리아인이 만난 가장 큰 장애물이 무엇이었을지 아래 보기 중에서 골라보세요.

- ☐ 시간의 손실
- ☐ 돈의 손실
- ☐ 유대인에 대한 적대감
- ☐ 불편을 감수

4. 오늘날 우리가 그리스도인으로서 선한 사마리아인처럼 살기 위해서는 어떤 대가를 치러야 할까요?

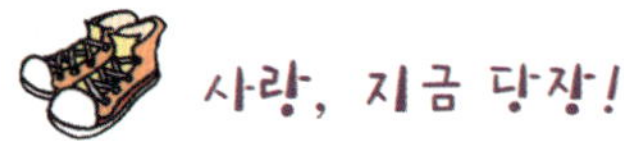

사랑, 지금 당장!

로마서 13:8은 서로 사랑의 빚을 지라고 권고합니다. 당신의 사랑이 필요하다고 생각되는 사람 세 명을 써보세요.

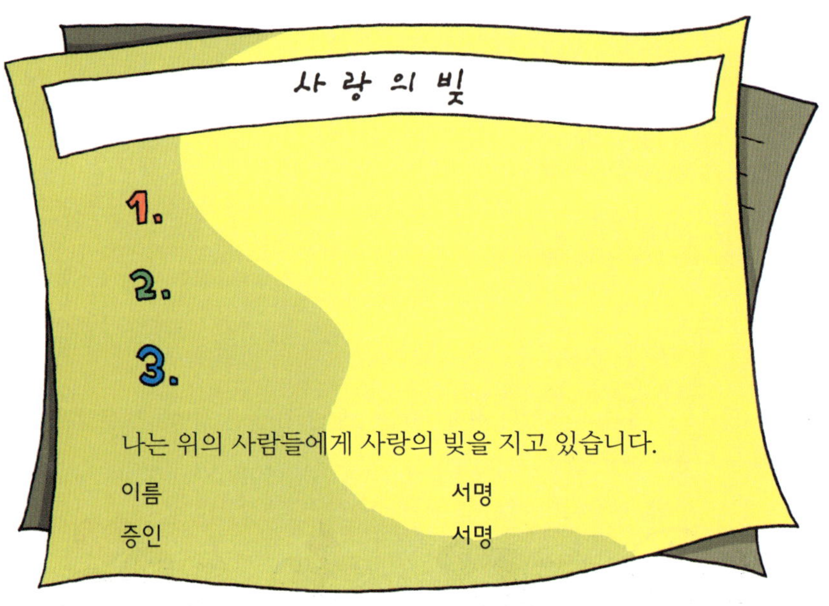

이 주간 동안 이 세 사람들에게 당신의 사랑을 실천할 구체적인 방법은?

1. ....

2. ....

3. ....

너희를 사랑하는 사람만 사랑하면 너희가 무슨 상을 받겠느냐?(마 5:46)

04 결실을 맺는 땅

성경본문 마태복음 13:3-9,18-23
중심구절 마태복음 13:23

누가 잘못인가?

공놀이를 하던 두 친구가 잃어버린 공을 두고 싸우고 있습니다. 서로가 상대편 잘못이라고 말하고 있는데 상황을 들어보고 누가 잘못했는지 알아봅시다.

누구의 실수로 공이 날아가 버린 것일까요?

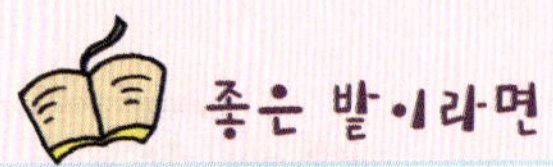

좋은 밭이라면

마태복음 13장

3 예수께서 비유로 여러 가지를 그들에게 말씀하여 이르시되 씨를 뿌리는 자가 뿌리러 나가서
4 뿌릴새 더러는 길가에 떨어지매 새들이 와서 먹어버렸고
5 더러는 흙이 얕은 돌밭에 떨어지매 흙이 깊지 아니하므로 곧 싹이 나오나
6 해가 돋은 후에 타서 뿌리가 없으므로 말랐고
7 더러는 가시떨기 위에 떨어지매 가시가 자라서 기운을 막았고
8 더러는 좋은 땅에 떨어지매 어떤 것은 백 배, 어떤 것은 육십 배, 어떤 것은 삼십 배의 결실을 하였느니라
9 귀 있는 자는 들으라 하시니라
18 그런즉 씨 뿌리는 비유를 들으라
19 아무나 천국 말씀을 듣고 깨닫지 못할 때는 악한 자가 와서 그 마음에 뿌려진 것을 빼앗나니 이는 곧 길가에 뿌려진 자요
20 돌밭에 뿌려졌다는 것은 말씀을 듣고 즉시 기쁨으로 받되
21 그 속에 뿌리가 없어 잠시 견디다가 말씀으로 말미암아 환난이나 박해가 일어날 때에는 곧 넘어지는 자요
22 가시떨기에 뿌려졌다는 것은 말씀을 들으나 세상의 염려와 재물의 유혹에 말씀이 막혀 결실하지 못하는 자요
23 좋은 땅에 뿌려졌다는 것은 말씀을 듣고 깨닫는 자니 결실하여 어떤 것은 백 배, 어떤 것은 육십 배, 어떤 것은 삼십 배가 되느니라 하시더라

1. 예수님의 비유에 제목을 붙인다면 어떤 제목이 적당할까요?

2. 비유에서 각각의 땅이 의미하는 바는 무엇인가요?(마 13:18-23)

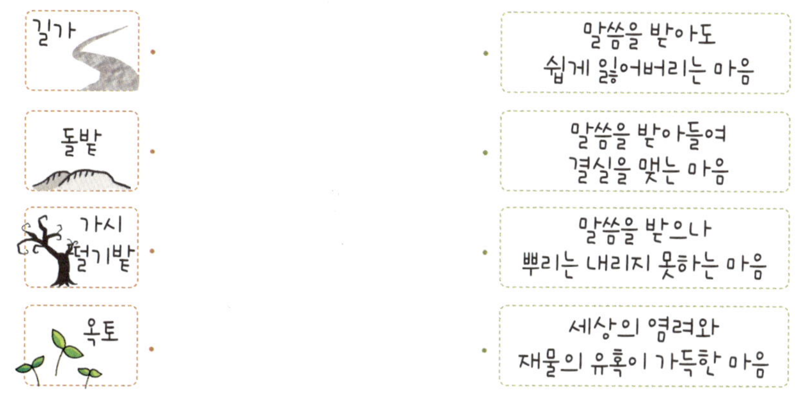

3. 이 비유에 따르면, 말씀의 씨앗이 뿌려졌을 때, 결실을 많이 맺고 못 맺고의 문제는 누구에게 달린 문제인가요?

☐ 말씀 ☐ 말씀을 뿌리는 자 ☐ 말씀을 듣는 사람

4. 말씀의 결실이 많이 맺힌다는 것은 무슨 뜻일까요?(마 13:23)

당신의 마음 밭 유형은?

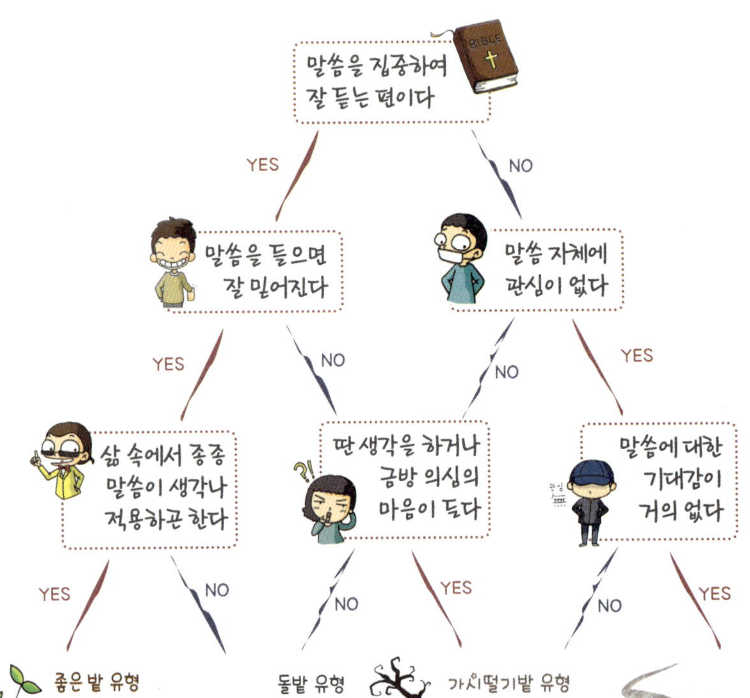

좋은 밭 유형

당신은 정말 좋은 마음 밭을 가졌군요. 그 마음 변치 말고 말씀이 좋은 행실로 결과 맺도록 더욱 노력하세요.

돌밭 유형

말씀은 재미있게 듣고, 당장은 믿지만, 믿음의 뿌리가 약해 쉽게 잊어버리거나 적용하지 못하는군요. 더욱 깊은 믿음의 단계로 가도록 기도하며 실천하세요.

가시떨기밭 유형

말씀을 들을 때 세상 걱정과 여러 가지 잡생각에 가로막혀 말씀이 자라지 못하는 유형이군요. 세상의 유혹이나 염려가 당신의 믿음을 앗아가지 않도록 주의하세요!

길가 유형

말씀을 왜 들어야 하는지, 말씀 가운데 하나님이 내게 하실 말씀이 무엇인지 기대하지 않기 때문에 말씀 듣기가 힘들군요. 그런 마음을 주는 사탄을 대적하고, 기대감을 가지고 말씀을 들어보세요.

포도원 품꾼

성경본문 마태복음 20:1-16
중심구절 마태복음 20:16

얼마면 될까?

이 금은 당신의 것입니다. 금을 사고 싶어하는 사람들이 있다면 각각 얼마에 팔겠습니까?

빌 게이츠

부모님

10남매 가족의 가장

금 가격을 정하는 사람은 누구입니까?

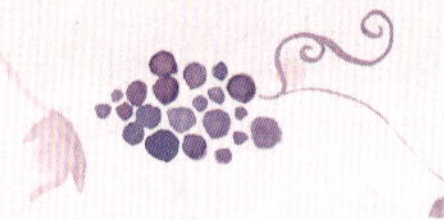

포도원 품꾼의 비유

마태복음 20:1-16

1 천국은 마치 품꾼을 얻어 포도원에 들여보내려고 이른 아침에 나간 집 주인과
 같으니
2 그가 하루 한 데나리온씩 품꾼들과 약속하여 포도원에 들여보내고
3 또 제삼시에 나가 보니 장터에 놀고 서 있는 사람들이 또 있는지라
4 그들에게 이르되 너희도 포도원에 들어가라 내가 너희에게 상당하게 주리라
 하니 그들이 가고
5 제육시와 제구시에 또 나가 그와 같이 하고
6 제십일시에도 나가 보니 서 있는 사람들이 또 있는지라
7 이르되 너희는 어찌하여 종일토록 놀고 여기 서 있느냐 이르되 우리를 품꾼으
 로 쓰는 이가 없음이니이다 이르되 너희도 포도원에 들어가라 하니라
8 저물매 포도원 주인이 청지기에게 이르되 품꾼들을 불러 나중 온 자로부터 시
 작하여 먼저 온 자까지 삯을 주라 하니
9 제십일시에 온 자들이 와서 한 데나리온씩을 받거늘
10 먼저 온 자들이 와서 더 받을 줄 알았더니 저희도 한 데나리온씩 받은지라
11 받은 후 집 주인을 원망하여 이르되
12 나중 온 이 사람들은 한 시간밖에 일하지 아니하였거늘 그들을 종일 수고하며
 더위를 견딘 우리와 같게 하였나이다
13 주인이 그 중의 한 사람에게 대답하여 이르되 친구여 내가 네게 잘못한 것이
 없노라 네가 나와 한 데나리온의 약속을 하지 아니하였느냐
14 네 것이나 가지고 가라 나중 온 이 사람에게 너와 같이 주는 것이 내 뜻이니라
15 내 것을 가지고 내 뜻대로 할 것이 아니냐 내가 선하므로 네가 악하게 보느냐
16 이와 같이 나중 된 자로서 먼저 되고 먼저 된 자로서 나중 되리라

1. 예수님은 천국이 무엇과 같다고 말씀하셨나요?(1절)

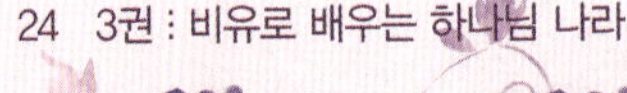

2. 집 주인에게 고용된 품꾼들은 일이 다 끝난 후 얼마씩 받았나요?

이른 아침에 일을 시작한 품꾼	( )
제삼시(오전 9시)에 시작한 품꾼들	( )
제육시(오후 12시)에 시작한 품꾼들	( )
제구시(오후 3시)에 시작한 품꾼들	( )
제십일시(오후 5시)에 시작한 품꾼들	( )

3. 가장 먼저 온 품꾼부터 가장 늦게 온 품꾼들의 원망지수는 어느 정도일지 막대그래프로 표시해보세요.

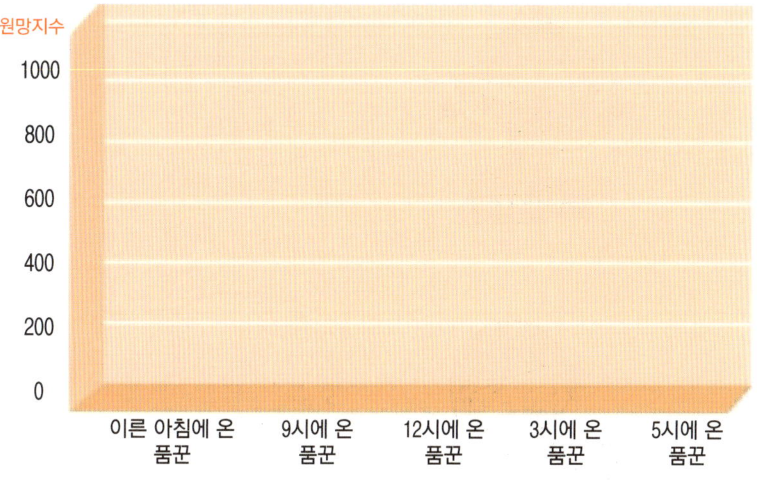

품꾼들이 원망을 한 이유는 무엇일까요?(11-12절)

4. 예수님이 제자들에게 포도원 품꾼의 비유를 말씀해주신 까닭은 무엇일까요?

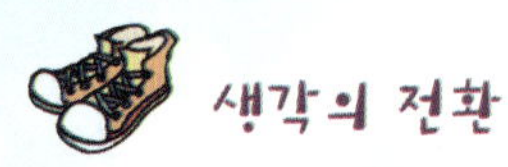

생각의 전환

세 사람이 공통으로 주장하고 있는 것은 무엇일까요?

누가 상급을 얼마만큼 받는지가 중요한 것이 아니라
나를 불러주시고 구원해주시고 일을 맡겨주시고 상급까지 베푸시는
하나님의 은혜에 감사드리는 것이 더 중요하지 않을까요?

06 열 처녀 이야기

성경본문 마태복음 25:1-13
중심구절 마태복음 25:10

벼락치기

'벼락치기' 해보셨나요? '벼락치기'에 대한 각자의 경험과 생각을 이야기해 봅시다.

'믿음'도 벼락치기가 될까요?

열 처녀 비유

마태복음 25:1-13

1 그 때에 천국은 마치 등을 들고 신랑을 맞으러 나간 열 처녀와 같다
하리니
2 그 중에 다섯은 미련하고 다섯은 슬기 있는 자라
3 미련한 자들은 등을 가지되 기름을 가지지 아니하고
4 슬기 있는 자들은 그릇에 기름을 담아 등과 함께 가져갔더니
5 신랑이 더디 오므로 다 졸며 잘새
6 밤중에 소리가 나되 보라 신랑이로다 맞으러 나오라 하매
7 이에 그 처녀들이 다 일어나 등을 준비할새
8 미련한 자들이 슬기 있는 자들에게 이르되 우리 등불이 꺼져가니 너희 기름을
좀 나눠 달라 하거늘
9 슬기 있는 자들이 대답하여 이르되 우리와 너희가 쓰기에 다 부족할까 하노니
차라리 파는 자들에게 가서 너희 쓸 것을 사라 하니
10 그들이 사러 간 사이에 신랑이 오므로 준비하였던 자들은 함께 혼인 잔치에
들어가고 문은 닫힌지라
11 그 후에 남은 처녀들이 와서 이르되 주여 주여 우리에게 열어주소서
12 대답하여 이르되 진실로 너희에게 이르노니 내가 너희를 알지 못하노라 하였
느니라
13 그런즉 깨어 있으라 너희는 그 날과 그 때를 알지 못하느니라

1. 예수님은 천국이 무엇과 같다고 말씀하셨나요?(1절)

2. 예수님은 열 명의 처녀를 어떻게 구분하셨나요?

	___ 처녀들	___ 처녀들
등	있다☐ 없다☐	있다☐ 없다☐
기름	있다☐ 없다☐	있다☐ 없다☐
신랑맞이	있다☐ 없다☐	있다☐ 없다☐
혼인잔치	있다☐ 없다☐	있다☐ 없다☐

3. 언제 올지 모를 신랑을 맞이하기 위해 열 처녀들이 낮 시간 동안 해야 할 일은 무엇이었을까요?

4. 예수님이 미련한 처녀들에게 "진실로 너희에게 이르노니 내가 너희를 알지 못하노라"고 말씀하신 이유는 무엇일까요?

삶 속 미련과 슬기

예수님이 한 달 후에 나에게 오시기로 하신다면, 한 달 동안 나는 무엇을 준비할 수 있을까요? 주어진 역할에서 슬기 있는 사람으로서 무엇을 할 수 있을지 적어보세요.

아들, 딸로서

학생으로서

친구로서

크리스천으로서

그들이 사러 간 사이에 신랑이 오므로 준비하였던 자들은 함께 혼인 잔치에 들어가고 문은 닫힌지라 (마 25:10)

07 달란트 비유

성경본문 마태복음 25:14-30
중심구절 마태복음 25:21

크리스천 갓 탤런트

세계 최고의 인기 프로그램! 크리스천 갓 탤런트 TOP 10에 뽑힌 당신!
당신은 결승전에서 무엇을 보여주시겠습니까?

하나님은 당신에게도 재능을 주셨습니다!

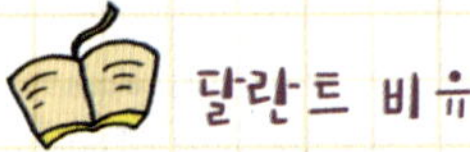

달란트 비유

마태복음 25:14-30

14 또 어떤 사람이 타국에 갈 때 그 종들을 불러 자기 소유를 맡김과 같으니
15 각각 그 재능대로 한 사람에게는 금 다섯 달란트를, 한 사람에게는 두 달란트
를, 한 사람에게는 한 달란트를 주고 떠났더니
16 다섯 달란트 받은 자는 바로 가서 그것으로 장사하여 또 다섯 달란트를 남기
고
17 두 달란트를 받은 자도 그같이 하여 또 두 달란트를 남겼으되
18 한 달란트 받은 자는 가서 땅을 파고 그 주인의 돈을 감추어 두었더니
19 오랜 후에 그 종들의 주인이 돌아와 그들과 결산할새
20 다섯 달란트 받았던 자는 다섯 달란트를 더 가지고 와서 이르되 주인이여 내
게 다섯 달란트를 주셨는데 보소서 내가 또 다섯 달란트를 남겼나이다
21 그 주인이 이르되 잘하였도다 착하고 충성된 종아 네가 적은 일에 충성하였으
매 내가 많은 것을 네게 맡기리니 네 주인의 즐거움에 참여할지어다 하고
22 두 달란트 받았던 자도 와서 이르되 주인이여 내게 두 달란트를 주셨는데 보
소서 내가 또 두 달란트를 남겼나이다
23 그 주인이 이르되 잘하였도다 착하고 충성된 종아 네가 적은 일에 충성하였으
매 내가 많은 것을 네게 맡기리니 네 주인의 즐거움에 참여할지어다 하고
24 한 달란트 받았던 자는 와서 이르되 주여 당신은 굳은 사람이라 심지 않은 데
서 거두고 헤치지 않은 데서 모으는 줄을 내가 알았으므로
25 두려워하여 나가서 당신의 달란트를 땅에 감추어 두었었나이다 보소서 당신
의 것을 가지셨나이다
26 그 주인이 대답하여 이르되 악하고 게으른 종아 나는 심지 않은 데서 거두고
헤치지 않은 데서 모으는 줄로 네가 알았느냐
27 그러면 네가 마땅히 내 돈을 취리하는 자들에게나 맡겼다가 내가 돌아와서 내
원금과 이자를 받게 하였을 것이니라
28 그에게서 그 한 달란트를 빼앗아 열 달란트 가진 자에게 주라
29 무릇 있는 자는 받아 풍족하게 되고 없는 자는 그 있는 것까지 빼앗기리라
30 이 무익한 종을 바깥 어두운 데로 내쫓으라 거기서 슬피 울며 이를 갈리라 하
니라

1. 예수님은 천국이 무엇과 같다고 말씀하셨나요?(14절)

2. 주인은 자신의 종들에게 어떠한 기준으로 돈을 맡겼나요?

① 키에 맞게 ② 잘생긴 외모에 맞게 ③ 재능에 맞게
④ 어깨 넓이에 맞게 ⑤ 나이에 맞게

3. 주인이 맡긴 돈을 가지고 장사를 하여 이득을 남긴 종들은 주인에게 각각 어떠한 칭찬을 들었나요?

다섯 달란트 받은 종 :

두 달란트 받은 종 :

4. 주인이 맡긴 돈을 땅에 묻어둔 종의 잘못은 어떤 것이며, 그 결과는 무엇인가요?

잘못

결과

나의 달란트

달란트를 쓰기 위해서는 먼저 나의 달란트가 무엇인지 잘 알아야겠죠? 내가 좋아하면서 잘할 수 있는 일! 하나님이 기뻐하시고 많은 사람들에게 유익이 되는 일! 무엇이 있을까요? 친구들과 함께 생각해봅시다!

그 주인이 이르되 잘하였도다 착하고 충성된 종아 네가 적은 일에 충성하였으매 내가 많은 것을 네게 맡기리니 네 주인의 즐거움에 참여할지어다 하고 (마 25:21)

08 양과 염소의 비유

성경본문 마태복음 25:31-46
중심구절 마태복음 25:40

5분 토론

안녕하십니까? 5분 토론에 송석히입니다. 오늘 주제는 "노숙자, 어느 정도까지 도와주어야 하는가?"입니다. 두 분 패널 모시고 의견을 들어보겠습니다.

방청객의 의견을 들어보겠습니다. 당신의 의견은 어떻습니까?

양과 염소의 비유

1. 임금이 오른편에 있는 자들과 왼편에 있는 자들을 각각 어떻게 대하셨나요?

2. 예수님이 양과 염소의 비유를 제자들에게 들려주신 이유는 무엇일까요?

3. 예수님이 다시 오실 때 예수님의 오른편, 곧 양의 자리에 서 있기 위해 우리가 할 수 있는 일은 무엇이 있을까요?

마태복음 25:31-46

31 인자가 자기 영광으로 모든 천사와 함께 올 때에 자기 영광의 보좌에 앉으리니
32 모든 민족을 그 앞에 모으고 각각 구분하기를 목자가 양과 염소를 구분하는 것 같
이 하여
33 양은 그 오른편에 염소는 왼편에 두리라
34 그 때에 임금이 그 오른편에 있는 자들에게 이르시되 내 아버지께 복 받을 자들이
여 나아와 창세로부터 너희를 위하여 예비된 나라를 상속받으라
35 내가 주릴 때에 너희가 먹을 것을 주었고 목마를 때에 마시게 하였고 나그네 되었
을 때에 영접하였고
36 헐벗었을 때에 옷을 입혔고 병들었을 때에 돌보았고 옥에 갇혔을 때에 와서 보았
느니라
37 이에 의인들이 대답하여 이르되 주여 우리가 어느 때에 주께서 주리신 것을 보고
음식을 대접하였으며 목마르신 것을 보고 마시게 하였나이까
38 어느 때에 나그네 되신 것을 보고 영접하였으며 헐벗으신 것을 보고 옷 입혔나이
까
39 어느 때에 병드신 것이나 옥에 갇히신 것을 보고 가서 뵈었나이까 하리니
40 임금이 대답하여 이르시되 내가 진실로 너희에게 이르노니 너희가 여기 내 형제
중에 지극히 작은 자 하나에게 한 것이 곧 내게 한 것이니라 하시고
41 또 왼편에 있는 자들에게 이르시되 저주를 받은 자들아 나를 떠나 마귀와 그 사자
들을 위하여 예비된 영영한 불에 들어가라
42 내가 주릴 때에 너희가 먹을 것을 주지 아니하였고 목마를 때에 마시게 하지 아니
하였고
43 나그네 되었을 때에 영접하지 아니하였고 헐벗었을 때에 옷 입히지 아니하였고 병
들었을 때와 옥에 갇혔을 때에 돌보지 아니하였느니라 하시니
44 그들도 대답하여 이르되 주여 우리가 어느 때에 주께서 주리신 것이나 목마르신
것이나 나그네 되신 것이나 헐벗으신 것이나 병드신 것이나 옥에 갇히신 것을 보
고 공양하지 아니하더이까
45 이에 임금이 대답하여 이르시되 내가 진실로 너희에게 이르노니 이 지극히 작은
자 하나에게 하지 아니한 것이 곧 내게 하지 아니한 것이니라 하시리니
46 그들은 영벌에, 의인들은 영생에 들어가리라 하시니라

지극히 작은 자 프로젝트

이번 한 주는 우리 주위의 예수님과 같은 '지극히 작은 자'를 돌아봅시다. 월요일부터 토요일까지 비밀리에 일일일선(一日一善)을 실천하여 예수님을 섬기는 특별주간을 보낸 후 다음 주 이 시간에 서로의 경험을 함께 나누어봅시다.

SUN	MON	TUE	WED	THU	FRI	SAT

어떻게?
줄서요
섬김
충성! 열심히 섬기자구~ 
말보다 행동!

내가 진실로 너희에게 이르노니
너희가 여기 내 형제 중에 지극히 작은 자 하나에게
한 것이 곧 내게 한 것이니라 (마 25:40)

Toogijangi Bible Study teen Series

2

청소년의 삶과 고민

01 스타에 열광하는 당신 • 02 따돌림도 죄가 되나요? •
03 누가 좀 말려줘요! • 04 사랑할까요?

01 스타에 열광하는 당신

성경본문 민수기 33:50-56 ; 로마서 12:1-2
중심구절 로마서 12:2

스타를 사랑하는 나는 어떤 유형?

① 불타는 '보디가드'형

② '열혈수집'형

③ 땅끝까지 '스토커'형

④ 자아도취 '나도 스타'형

스타 [star] [명사] 높은 인기를 얻고 있는 연예인이나 운동선수.
아이돌 [idol] [명사] (많은 사랑을 받는 대상인) 우상 / (신으로 숭배되는) 우상

하나님이 원하시는 내 모습

민수기 33:50-56

50 여리고 맞은편 요단 강가 모압 평지에서 여호와께서 모세에게 말씀하여 이르
시되
51 이스라엘 자손에게 말하여 그들에게 이르라 너희가 요단 강을 건너 가나안 땅
에 들어가거든
52 그 땅의 원주민을 너희 앞에서 다 몰아내고 그 새긴 석상과 부어 만든 우상을
다 깨뜨리며 산당을 다 헐고
53 그 땅을 점령하여 거기 거주하라 내가 그 땅을 너희 소유로 너희에 주었음이라
54 너희의 종족을 따라 그 땅을 제비 뽑아 나눌 것이니 수가 많으면 많은 기업을
주고 적으면 적은 기업을 주되 각기 제비 뽑은 대로 그 소유가 될 것인즉 너희
조상의 지파를 따라 기업을 받을 것이니라

1. 이스라엘 백성이 가나안 땅을 점령할 때 반드시 지켜야 했던 하나님의 명령은 무엇인가요? 또 하나님은 왜 그런 명령을 하셨을까요?

2. 이스라엘 백성들이 하나님의 명령을 지키지 않을 경우 하나님은 어떤 일이 벌어질 것이라고 하셨나요?(민 33:55)

3. 사도 바울은 로마서에서 세상에 대해 어떤 태도를 가지라고 하였나요?

55 너희가 만일 그 땅의 원주민을 너희 앞에서 몰아내지 아니하면 너희가 남겨둔
자들이 너희의 눈에 가시와 너희의 옆구리에 찌르는 것이 되어 너희가 거주하
는 땅에서 너희를 괴롭게 할 것이요
56 나는 그들에게 행하기로 생각한 것을 너희에게 행하리라

로마서 12:1-2

1 그러므로 형제들아 내가 하나님의 모든 자비하심으로 너희를 권하노니 너희
몸을 하나님이 기뻐하시는 거룩한 산 제물로 드리라 이는 너희가 드릴 영적 예
배니라
2 너희는 이 세대를 본받지 말고 오직 마음을 새롭게 함으로 변화를 받아 하나님
의 선하시고 기뻐하시고 온전하신 뜻이 무엇인지 분별하도록 하라

4. 주변 환경에 쉽게 영향을 받는 존재가 바로 사람입니다. 현재 나의 관심들은 무엇인지 그림에 채워넣어 보세요.

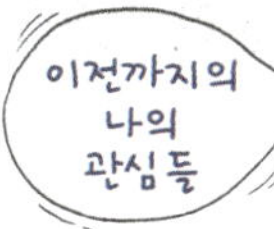

5. 나를 향한 하나님의 선하시고 기뻐하시고 온전하신 뜻은 무엇일까요? 하나님의 뜻으로 나의 뇌구조를 완성해보세요.

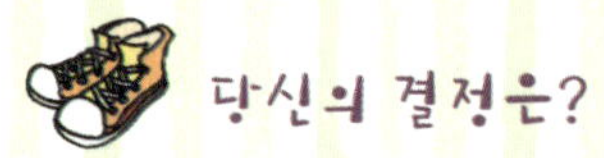

우리 소년시대 콘서트 가자!

여름수련회 가자~ 이번엔 토기장이 여름캠프 간대.

어떻게 하지?

소년시대

토기장이 여름캠프

그래 결심했어! 요즘은 아이돌이 대세야.

그래 결심했어! 이번 여름엔 예수님을 만나자!

야호! 소년시대 샤방지민 싸인 받았다!

소년

I ♡ 소년

주님! 성령충만하게 해주셔서 감사해요. 주님 뜻대로 살겠습니다.

10년 후...

10년 후...

02 따돌림도 죄가 되나요?

성경본문 창세기 37:2-4, 18-35
중심구절 창세기 37:2-4

경고문자 1

새 학기가 시작한 후 이튿날, 우리 반 전체에 이런 문자가 왔습니다. 이 문자를 받은 당신의 선택은?

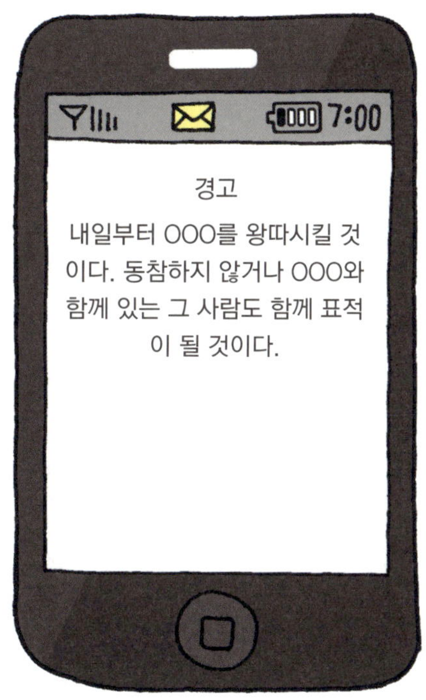

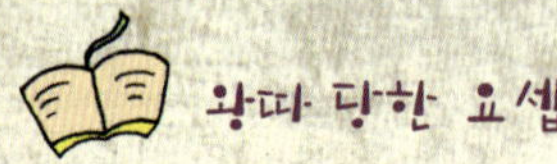

창세기 37:2-4,18-35

2 야곱의 족보는 이러하니라 요셉이 십칠
세의 소년으로서 그의 형들과 함께 양
을 칠 때에 그의 아버지의 아내들 빌하
와 실바의 아들들과 더불어 함께 있었
더니 그가 그들의 잘못을 아버지에게
말하더라
3 요셉은 노년에 얻은 아들이므로 이스라
엘이 여러 아들들보다 그를 더 사랑하므
로 그를 위하여 채색옷을 지었더니
4 그의 형들이 아버지가 형들보다 그를 더
사랑함을 보고 그를 미워하여 그에게 편
안하게 말할 수 없었더라
18 요셉이 그들에게 가까이 오기 전에 그들
이 요셉을 멀리서 보고 죽이기를 꾀하여
19 서로 이르되 꿈꾸는 자가 오는도다
20 자, 그를 죽여 한 구덩이에 던지고 우리
가 말하기를 악한 짐승이 그를 잡아먹
었다 하자 그의 꿈이 어떻게 되는지를
우리가 볼 것이니라 하는지라
21 르우벤이 듣고 요셉을 그들의 손에서
구원하려 하여 이르되 우리가 그의 생
명은 해치지 말자
22 르우벤이 또 그들에게 이르되 피를 흘
리지 말라 그를 광야 그 구덩이에 던지
고 손을 그에게 대지 말라 하니 이는 그
가 요셉을 그들의 손에서 구출하여 그의
아버지에게로 돌려보내려 함이었더라
23 요셉이 형들에게 이르매 그의 형들이 요
셉의 옷 곧 그가 입은 채색옷을 벗기고
24 그를 잡아 구덩이에 던지니 그 구덩이
는 빈 것이라 그 속에 물이 없었더라
25 그들이 앉아 음식을 먹다가 눈을 들어
본즉 한 무리의 이스마엘 사람들이 길
르앗에서 오는데 그 낙타들에 향품과
유향과 몰약을 싣고 애굽으로 내려가는
지라
26 유다가 자기 형제에게 이르되 우리가
우리 동생을 죽이고 그의 피를 덮어둔
들 무엇이 유익할까
27 자 그를 이스마엘 사람들에게 팔고 그
에게 우리 손을 대지 말자 그는 우리의
동생이요 우리의 혈육이니라 하매 그의
형들이 청종하였더라
28 그 때에 미디안 사람 상인들이 지나가
고 있는지라 형들이 요셉을 구덩이에
서 끌어올리고 은 이십에 그를 이스마
엘 사람들에게 팔매 그 상인들이 요셉
을 데리고 애굽으로 갔더라
29 르우벤이 돌아와 구덩이에 이르러 본즉
거기 요셉이 없는지라 옷을 찢고
30 아우들에게로 되돌아와서 이르되 아이
가 없도다 나는 어디로 갈까
31 그들이 요셉의 옷을 가져다가 숫염소를
죽여 그 옷을 피에 적시고
32 그의 채색옷을 보내어 그의 아버지에게
로 가지고 가서 이르기를 우리가 이것
을 발견하였으니 아버지 아들의 옷인가
보소서 하매
33 아버지가 그것을 알아보고 이르되 내
아들의 옷이라 악한 짐승이 그를 잡아
먹었도다 요셉이 분명히 찢겼도다 하고
34 자기 옷을 찢고 굵은 베로 허리를 묶고
오래도록 그의 아들을 위하여 애통하니
35 그의 모든 자녀가 위로하되 그가 그 위
로를 받지 아니하여 이르되 내가 슬퍼
하며 스올로 내려가 아들에게로 가리라
하고 그의 아버지가 그를 위하여 울었
더라

1. 요셉의 왕따사건 현장조사를 나온 당신, 사건의 정황으로 미루어 볼 때 당신이 생각하는 피해자, 가해자, 방관자가 누구이며 그들의 죄가 무엇인지 써보세요.

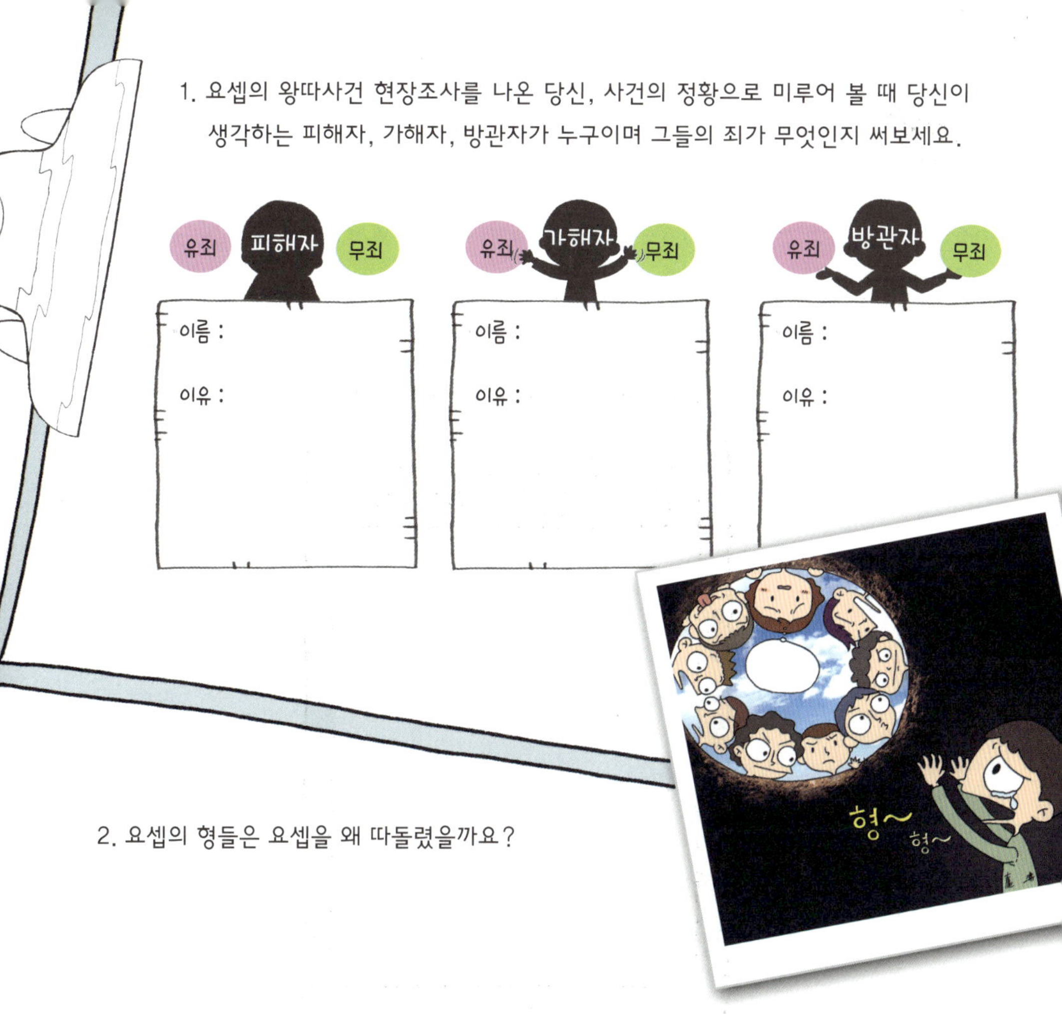

2. 요셉의 형들은 요셉을 왜 따돌렸을까요?

3. 요셉의 형들이 요셉의 옷을 벗기고 구덩이에 던지고 미디안 사람들에게 팔았을 때, 요셉의 심정은 어떠했을까요?

4. 악한 짐승이 요셉을 죽였다고 아버지에게 거짓말한 형제들의 심정은 어땠을까요?

경고문자 II

이미 당신은 '마음을 열어봐'에서 경고문자를 받았습니다. 이제 크리스천으로서 결단의 순간이 찾아왔습니다. 어떤 답장문자를 보내시겠습니까?
아래의 화면에 직접 답장을 적어보세요.

누구든지 하나님을 사랑하노라 하고 그 형제를 미워하면 이는 거짓말하는 자니 보는바 그 형제를 사랑하지 아니하는 자는 보지 못하는바 하나님을 사랑할 수 없느니라 우리가 이 계명을 주께 받았나니 하나님을 사랑하는 자는 또한 그 형제를 사랑할지니라
(요일 4:20-21)

누가 좀 말려줘요!

성경본문 에베소서 4:26-32 ; 잠언 15:18,4:23 ; 마태복음 11:28-30
중심구절 잠언 4:23

나 혹시 성격파탄?

- [ ] 나는 거의 매일 이런 감정들 때문에 힘이 든다.
- [ ] 나는 일주일 중 이런 감정들 중 3가지 이상의 감정을 억누를 수가 없다.
- [ ] 나는 이런 감정들 중 3가지가 동시에 일어난 적도 있다.
- [ ] 나는 이 감정들이 일어났을 때 1시간 내에 진정할 수 없다.
- [ ] 나는 내가 느끼는 이런 감정들 때문에 주변 사람들이 힘들어 한다는 것을 안다.
- [ ] 나는 이런 감정들 때문에 부모님께 자주 혼이 난다.
- [ ] 나는 이런 감정들이 일어났을 때 스스로 해결할 수 없다.

당신은 몇 가지 항목에 체크하셨습니까?

맡겨야 할 것, 얻어야 할 것

에베소서 4:26-32

26 분을 내어도 죄를 짓지 말며 해가 지도록 분을 품지 말고
27 마귀에게 틈을 주지 말라
28 도둑질하는 자는 다시 도둑질하지 말고 돌이켜 가난한 자에게 구제할 수 있도록 자기
손으로 수고하여 선한 일을 하라
29 무릇 더러운 말은 너희 입 밖에도 내지 말고 오직 덕을 세우는 데 소용되는 대로 선한
말을 하여 듣는 자들에게 은혜를 끼치게 하라
30 하나님의 성령을 근심하게 하지 말라 그 안에서 너희가 구원의 날까지 인치심을 받았느
니라
31 너희는 모든 악독과 노함과 분냄과 떠드는 것과 비방하는 것을 모든 악의와 함께 버리고
32 서로 친절하게 하며 불쌍히 여기며 서로 용서하기를 하나님이 그리스도 안에서 너희를
용서하심과 같이 하라

1. 성경은 분노, 악독, 노함 등의 감정에 대해서 어떻게 대처할 것을 요청하고 있나요? (엡 4:26-27)

2. 우리 마음에 일어나는 부정적인 감정들이 미치는 영향은 무엇인가요?(엡 4:30 ; 잠 5:18)

잠언 15:18

분을 쉽게 내는 자는 다툼을 일으켜도 노하기를 더디 하는 자는 시비를 그치게 하느니라

잠언 4:23

모든 지킬 만한 것 중에 더욱 네 마음을 지키라 생명의 근원이 이에서 남이니라

마태복음 11:28-30

28 수고하고 무거운 짐 진 자들아 다 내
게로 오라 내가 너희를 쉬게 하리라
29 나는 마음이 온유하고 겸손하니 나
의 멍에를 메고 내게 배우라 그리하
면 너희 마음이 쉼을 얻으리니
30 이는 내 멍에는 쉽고 내 짐은 가벼움
이라 하시니라

3. 잠언 4:23은 우리에게 무엇을 지키라고 말하나요? 그 이유는 무엇인가요?

4. 감정 조절을 위해 성경적인 방법을 찾아보세요.

❶ 감정 식히기

❷ 마음 지키기

❸ 방법 찾기

비법 대공개! 나만의 감정 조절 노하우

짜증이나 분노, 미움 등 여러 가지 부정적인 감정이 우리를 삼키려 할 때, 이것을 적절하게 조절하고 해소하기 위해서는 여러 방법이 필요합니다. 각자 자신만의 비법을 공개하고, 참신성과 적절성을 따져 별점을 부여해보세요.

나만의 비법

①

②

③

친구들의 비법

①

②

③

사랑할까요?

성경본문 창세기 2:18, 24:67, 29:20 ; 사무엘상 25:32-33 ; 아가 2:10 ; 잠언 3:6-7 ; 고린도전서 6:18-19

중심구절 잠언 3:6-7

솔직고백

이성교제에 대해 가지고 있는 생각들을 솔직히 말해봅시다(중복체크 가능)

1. 나는 이성 친구를 택할 때 이것을 제일 먼저 본다.

□ 외모 □ 몸매 □ 성적 □ 성격 □ 신앙심 □ 돈

2. 나는 이성교제의 목적이 이것이라고 생각한다.

□ 즐거움 □ 데이트 □ 친구들에게 과시
□ 사랑하는 사람을 소유함 □ 결혼을 위한 준비 □ 서로의 성장에 도움

3. 나는 이성교제에 신체접촉은 여기까지 가능하다고 생각한다.

□ 손잡기 □ 포옹 □ 키스 □ 잠자리까지 가능

4. 이성 친구와 데이트를 한다면, 주로 이런 것을 할 것이다.

□ 도서관 데이트 □ 영화보기 □ 문자 데이트 □ 게임 하기
□ 맛있는 것 먹으러 가기 □ 친구들과 같이 만나서 논다

5. 이성교제 중 문제가 생겼을 때 상담을 요청하는 사람은?

□ 학교나 학원 선생님 □ 교회 전도사님이나 선생님 □ 형제
□ 친구 □ 인터넷 상담 게시판 □ 부모님

성경 속에 등장하는 사랑 이야기

당신은 하나님의 선물, □□♥□□

"이는 내 뼈 중의 뼈요 살 중의 살이라."
하와를 만났을 때, 아담이 했던 고백입니다. 그는 하나님이 혼자서는 살아갈 수 없는 자신을 위해 자기 몸의 일부로 만들어주신 소중한 분신인 하와를 만났고, 벌거벗었으나 부끄러움 없는 깨끗하고 순수한 사랑을 시작했습니다.

"여호와 하나님이 이르시되 사람이 혼자 사는 것이 좋지 아니하니 내가 그를 위하여 돕는 배필을 지으리라 하시니라"
창 2:18

위로의 사람, □□♥□□□

어머니를 잃고 슬퍼하던 이삭에게 리브가는 위로였습니다. 이삭은 그녀를 통해 아픔의 흔적과 슬픔의 잔재들을 지웠습니다.

"이삭이 리브가를 인도하여
그의 어머니 사라의 장막으로
들이고 그를 맞이하여
아내로 삼고 사랑하였으니
이삭이 그의 어머니를 장례한 후에
위로를 얻었더라"창 24:67

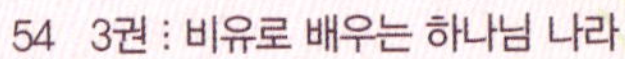

인내의 기쁨,

사랑했지만, 기다려야 했습니다.
야곱은 라헬과 결혼하기 위해 그녀의 아버지 라반과 약속한 7년을 묵묵히 일하며 기다렸습니다. 그녀를 사랑하기에 칠 년을 수일처럼 여긴 야곱의 사랑은 평생을 걸어도 아깝지 않은 사랑이었습니다.

"야곱이 라헬을 위하여 칠 년 동안 라반을 섬겼으나 그를 사랑하는 까닭에 칠 년을 며칠같이 여겼더라"창 29:20

존경하고, 사랑합니다

나발의 아내였던 아비가일은 다윗이 나발의 불의한 처사에 분노해 보복하러 달려가던 걸음을 멈추게 한 지혜의 여인이었습니다. 다윗은 그녀의 지혜와 기상에 감탄하면서 "너를 보내어 나를 영접케 하신 여호와를 찬송할지로다"라고 고백합니다. 하나님의 종으로 다윗을 인정하고 존경했던 아비가일과의 사랑은 그렇게 시작되었습니다.

"다윗이 아비가일에게 이르되 오늘 너를 보내어 나를 영접하게 하신 이스라엘의 하나님 여호와를 찬송할지로다 또 네 지혜를 칭찬할지며 또 네게 복이 있을지로다 오늘 내가 피를 흘릴 것과 친히 복수하는 것을 네가 막았느니라"삼상 25:32-33

열정과 행복,

"나의 사랑, 나의 어여쁜 자야 일어나 함께 가자."
평민으로 변복하고 밖에 나갔던 솔로몬은 검게 그을렸지만 아름다운 술람미 여인을 만나 사랑에 빠져버렸습니다. 그는 만남의 기쁨과 행복을 노래하며 성숙된 사랑을 향해 나아가자고 노래합니다.

"나의 사랑하는 자가 내게 말하여 이르기를 나의 사랑, 내 어여쁜 자야 일어나서 함께 가자"아 2:10

1. 성경 속에 등장하는 사랑 이야기를 통해서, 하나님이 이성을 우리에게 주신 이유를 찾을 수 있었나요?

2. 위의 인물들이 가진 사랑의 덕목 중에 당신의 마음에 제일 감동을 주는 것은 무엇인가요? 그 이유는 무엇인가요?

3. 다음 성경을 읽고 그리스도인 청소년으로서 이성교제를 할 때 우리가 주의할 점이 무엇인지 찾아보세요.

잠언 3: 6-7

6 너는 범사에 그를 인정하라 그리하면 네 길을 지도하시리라
7 스스로 지혜롭게 여기지 말지어다 여호와를 경외하며 악을 떠날지어다

고전 6:18-19

18 음행을 피하라 사람이 범하는 죄마다 몸 밖에 있거니와 음행하는 자는 자기 몸에 죄를 범하느니라
19 너희 몸은 너희가 하나님께로부터 받은바 너희 가운데 계신 성령의 전인 줄을 알지 못하느냐 너희는 너희 자신의 것이 아니라

잠언 3:6-7 :

고린도전서 6:18-19 :

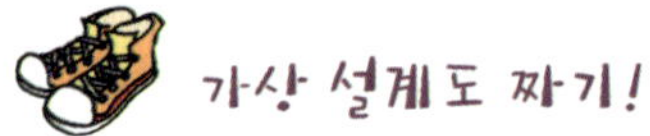

가상 설계도 짜기!

이성과의 사랑은 하나님이 인간에게 주신 가장 큰 축복 중의 하나입니다. 그런 만큼 소중히 지키고, 가꾸어 나가야 합니다. 어떻게 하면, 크리스천으로서 멋진 사랑을 가꿀 수 있을까요? 나만의 가상 설계도를 완성해보세요.

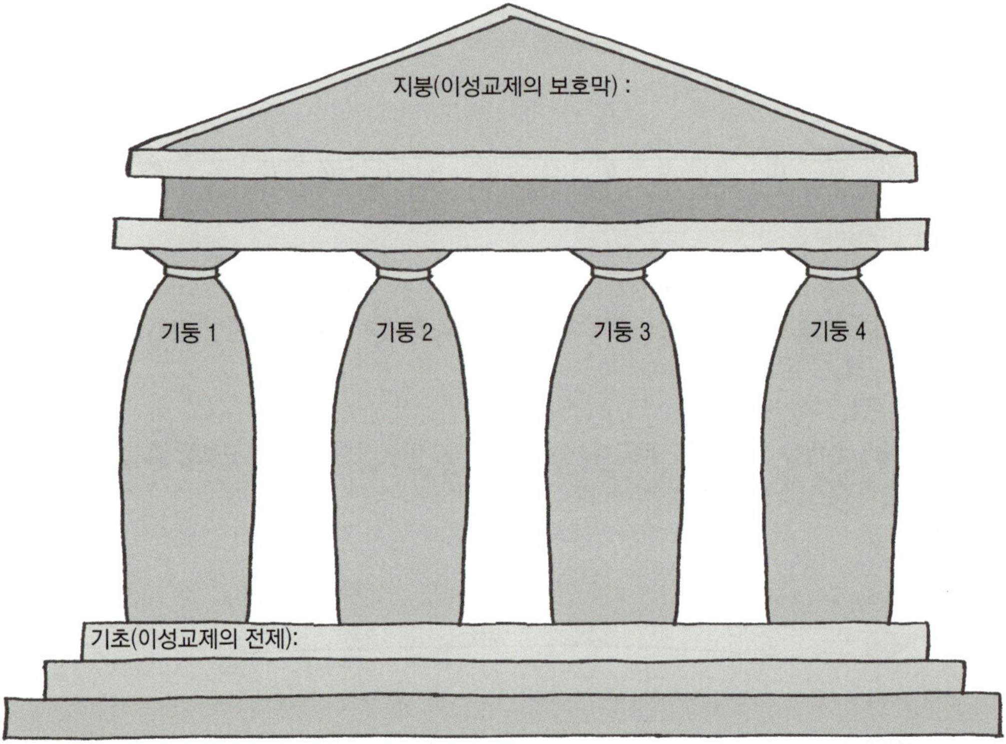

지붕(이성교제의 보호막) :

기둥 1

기둥 2

기둥 3

기둥 4

기초(이성교제의 전제):

기초 : 이성교제의 근본을 어디에 둘 것인지 정하는 것
예) 기초 : 하나님 안에서, 하나님의 방법으로 등
기둥 : 4가지 커다란 원칙 예) 서로의 성장, 사랑으로 섬김 등

Toojjangi Bible Study teen series

3

대림절과 크리스마스 I

01 약속 그대로 • **02** 성탄목의 의미 •
03 찬송을 넘어 기쁨으로 • **04** 성탄예배 : 선물

01 약속 그대로

성경본문 이사야 9:1-2,6-7, 7:14 ; 예레미야 23:5-6 ; 미가 5:2
중심구절 이사야 9:6

약속과 기다림

만남이 이루어지기 위한 3가지 요소는?

기다리는 동안 당신이 한 일은 무엇인가요?

- □ 짜증낸다
- □ 약속한 사람을 생각한다
- □ 핸드폰 갖고 논다
- □ 만나서 무엇을 할지 계획한다

기다림을 멋지게 하는 것은 멋진 만남을 위해 꼭 필요한 일입니다!

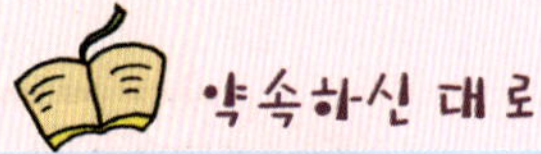

약속하신 대로

이사야 9:1-2,6-7

1 전에 고통 받던 자들에게는 흑암이 없으리로다 옛적에는 여호와께서 스불론
땅과 납달리 땅이 멸시를 당하게 하셨더니 후에는 해변 길과 요단 저쪽 이방의
갈릴리를 영화롭게 하셨느니라
2 흑암에 행하던 백성이 큰 빛을 보고 사망의 그늘진 땅에 거주하던 자에게 빛이
비치도다
6 이는 한 아기가 우리에게 났고 한 아들을 우리에게 주신 바 되었는데 그의 어
깨에는 정사를 메었고 그의 이름은 기묘자라, 모사라, 전능하신 하나님이라,
영존하시는 아버지라, 평강의 왕이라 할 것임이라
7 그 정사와 평강의 더함이 무궁하며 또 다윗의 왕좌와 그의 나라에 군림하여 그
나라를 굳게 세우고 지금 이후로 영원히 정의와 공의로 그것을 보존하실 것이
라 만군의 여호와의 열심이 이를 이루시리라

예레미야 23:5-6

5 여호와의 말씀이니라 보라 때가 이르리니 내가 다윗에게 한 의로운 가지를 일
으킬 것이라 그가 왕이 되어 지혜롭게 다스리며 세상에서 정의와 공의를 행할
것이며
6 그의 날에 유다는 구원을 받겠고 이스라엘은 평안히 살 것이며 그의 이름은 여
호와 우리의 공의라 일컬음을 받으리라

이사야 7:14

그러므로 주께서 친히 징조를 너희에게 주실 것이라 보라 처녀가 잉태하여 아들을 낳을 것이요 그의 이름을 임마누엘이라 하리라

미가 5:2

베들레헴 에브라다야 너는 유다 족속 중에 작을지라도 이스라엘을 다스릴 자가 네게서 내게로 나올 것이라 그의 근본은 상고에, 영원에 있느니라

1. 이사야와 예레미야 선지자는 메시야가 가지는 특징을 무엇이라고 설명했나요? 본문에 나오는 대로 다 찾아서 기록해보세요.

2. 예언자들에 따르면 메시야는 누구의 자손으로, 어디에서 태어난다고 했나요?(사 9:7 ; 렘 23:5 ; 미 5:2)

3. 하나님은 왜 선지자들을 통해 메시야에 대해서 미리 알려주셨을까요?

예수님을 기다리는 것이 여전히 의미 있는 이유는?

대림절이란, 이미 오신 예수님을 기다리는 절기인 동시에
다시 오실 예수님을 기다리는 절기입니다.

2000여 년 전 이 땅에 이미 오신 예수님이지만,
우리는 오늘도 기다립니다.

우리 마음 가운데 다시 오실 예수님을,
그리고 이 땅 위에 다시 오실 예수님을 말입니다.

우리는 여전히 예수님을 기다립니다.

성탄목의 의미

성경본문 이사야 11:1-5, 35:1 ; 창세기 3:6 ; 요한복음 6:32-35, 8:12
중심구절 이사야 35:1

나의 장식품은?

주어진 장식품 중 당신이 원하는 것으로 크리스마스 트리를 장식해 봅시다. 그리고 그 장식품을 고른 이유도 생각해보세요.

1. 전통적인 성탄목의 장식이 상징하는 것은 무엇인가요?

2. 이러한 장식이 달린 성탄목이 전달하려는 메시지는 무엇이며, 성탄 시즌에 성탄목을 장식하는 이유는 무엇인가요?

3. 성탄목의 기원을 통해 배울 수 있는 점은 무엇이며, 오늘날의 성탄절이 회복해야 할 부분은 무엇일까요?

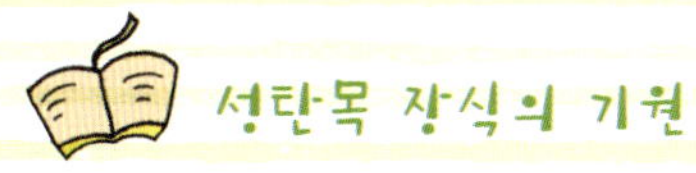

성탄목 장식의 기원

크리스마스 나무 : 이사야 11:1-5

1 이새의 줄기에서 한 싹이 나며
그 뿌리에서 한 가지가 나서 결실할 것이요

사과(선악과 상징) : 창세기 3:6

여자가 그 나무를 본즉 먹음직도 하고
보암직도 하고 지혜롭게 할 만큼 탐스럽기도 한 나무인지라
여자가 그 열매를 따먹고 자기와 함께 있는 남편에게도 주매 그도 먹은지라

빵(생명의 떡이신 예수님) : 요한복음 6:32-35

32 예수께서 이르시되 내가 진실로 진실로 너희에게 이르노니
모세가 너희에게 하늘로부터 떡을 준 것이 아니라
내 아버지께서 너희에게 하늘로부터 참떡을 주시나니
33 하나님의 떡은 하늘에서 내려 세상에 생명을 주는 것이니라
34 그들이 이르되 주여 이 떡을 항상 우리에게 주소서
35 예수께서 이르시되 나는 생명의 떡이니 내게 오는 자는
결코 주리지 아니할 터이요 나를 믿는 자는 영원히 목마르지 아니하리라
예수께서 이르시되 나는 생명의 떡이니 내게 오는 자는
결코 주리지 아니할 터이요 나를 믿는 자는 영원히 목마르지 아니하리라

초(빛 되신 예수님) : 요한복음 8:12

예수께서 또 말씀하여 이르시되 나는 세상의 빛이니
나를 따르는 자는 어둠에 다니지 아니하고 생명의 빛을 얻으리라

장미(어둠과 절망을 뚫고 피어나시는 소망의 주) : 이사야 35:1

광야와 메마른 땅이 기뻐하며
사막이 백합화(실제 이스라엘에서 백합화는 장미와 모양이 거의 흡사하다)
같이 피어 즐거워하며

나는 네가 지난 성탄절에 한 일을 알고 있다!

당신은 작년 대림절과 성탄절에 무엇을 하셨습니까?
정말 의미 있는 일을 하며, 예수님의 나심을 축하하고, 다시 오실 주님을 기다렸나요? 자신이 작년 성탄절에 했던 일과 이번 성탄절에 할 일을 써보세요.

이번 대림절과 성탄절에
나는?

찬송을 넘어 기쁨으로

성경본문 누가복음 1:41-42, 2:13-16,20,28-32 ; 마태복음 2:9-11
중심구절 누가복음 2:14

당신이 가장 좋아하는 성탄 찬양은?

성탄 찬양 중 당신이 가장 좋아하는 것은 무엇인가요? 투표를 통해 크리스마스 대표 찬양을 한 곡 뽑아보고, 외울 수 있다면 함께 불러보세요.

1. 탄일종이 땡땡땡
2. 기쁘다 구주 오셨네
3. 저 들 밖에 한밤중에
4. 고요한 밤 거룩한 밤
5. We wish you a Merry Christmas!
6. 천사들의 노래가
7. 고요한 밤 거룩한 밤
8. 크리스마스에는 축복을
9. 그 맑고 환한 밤중에
10. ____________

주의 나심을 축하하며 찬송한 사람들

누가복음 1:41-42

41 엘리사벳이 마리아가 문안함을 들으매 아이가 복중에서 뛰노는지라 엘리사
벳이 성령의 충만함을 받아
42 큰 소리로 불러 이르되 여자 중에 네가 복이 있으며 네 태중의 아이도 복이
있도다

누가복음 2:13-20

13 홀연히 수많은 천군이 그 천사들과 함께 하나님을 찬송하여 이르되
14 지극히 높은 곳에서는 하나님께 영광이요 땅에서는 하나님이 기뻐하신 사
람들 중에 평화로다 하니라
15 천사들이 떠나 하늘로 올라가니 목자가 서로 말하되 이제 베들레헴으로 가
서 주께서 우리에게 알리신바 이 이루어진 일을 보자 하고
16 빨리 가서 마리아와 요셉과 구유에 누인 아기를 찾아서
20 목자들은 자기들에게 이르던 바와 같이 듣고 본 그 모든 것으로 인하여 하
나님께 영광을 돌리고 찬송하며 돌아가니라

마태복음 2:9-11

9 박사들이 왕의 말을 듣고 갈새 동방에서 보던 그 별이 문득 앞서 인도하여
가다가 아기 있는 곳 위에 머물러 서 있는지라
10 그들이 별을 보고 매우 크게 기뻐하고 기뻐하더라
11 집에 들어가 아기와 그의 어머니 마리아가 함께 있는 것을 보고 엎드려 아
기께 경배하고 보배합을 열어 황금과 유향과 몰약을 예물로 드리니라

누가복음 2:28-32

28 시므온이 아기를 안고 하나님을 찬송하여 이르되
29 주재여 이제는 말씀하신 대로 종을 평안히 놓아주시는도다
30 내 눈이 주의 구원을 보았사오니
31 이는 만민 앞에 예비하신 것이요
32 이방을 비추는 빛이요 주의 백성 이스라엘의 영광이니이다 하니

1. 엘리사벳의 복중에 있던 세례 요한이 예수님을 잉태한 마리아를 만나고 어떤 반응을 보였나요?(눅 1:41-42)

2. 천사들로부터 예수님의 나심을 들은 목자들이 한 일은 무엇인가요?(눅 2:15,20)

3. 동방박사들은 어떠한 방법으로 예수님의 나심을 축하했나요?(마 2:9-11)

4. 늙은 예언자 시므온이 메시야이신 아기 예수님을 만났을 때 어떤 분이라고 증거하며 찬송하였나요?(눅 2:28-32)

5. 아기 예수님을 만난 사람들이 자연스럽게 한 일은 무엇이었나요?

성탄절 당신이 부를 노래는 무엇입니까?

아래 악보는 '루돌프 사슴코'라는 유명한 성탄캐럴입니다. 하지만 정작 예수님에 대한 내용은 없습니다. 개사를 통해 나만의 성탄 찬양을 완성해봅시다.

제목 : ______________________

작사 : __________

04 성탄예배 : 선물

성경본문 마태복음 1:18-23 ; 요한복음 1:14 ; 에베소서 2:8
중심구절 에베소서 2:8

당신이 정말 기다렸던 것은?

선물

크리스마스 파티

성탄축하예배

성탄절 아침에 우리에게 주어진 진짜 선물은 '예수님 자신'이었습니다.

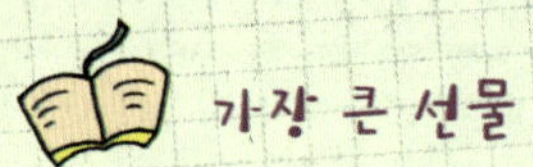

가장 큰 선물

마태복음 1:18-23

18 예수 그리스도의 나심은 이러하니라 그의 어머니 마리아가 요셉과 약혼하고 동거하
기 전에 성령으로 잉태된 것이 나타났더니
19 그의 남편 요셉은 의로운 사람이라 그를 드러내지 아니하고 가만히 끊고자 하여
20 이 일을 생각할 때에 주의 사자가 현몽하여 이르되 다윗의 자손 요셉아 네 아내 마리
아 데려오기를 무서워하지 말라 그에게 잉태된 자는 성령으로 된 것이라
21 아들을 낳으리니 이름을 예수라 하라 이는 그가 자기 백성을 그들의 죄에서 구원할
자이심이라 하니라
22 이 모든 일이 된 것은 주께서 선지자로 하신 말씀을 이루려 하심이니 이르시되
23 보라 처녀가 잉태하여 아들을 낳을 것이요 그의 이름은 임마누엘이라 하리라 하셨
으니 이를 번역한즉 하나님이 우리와 함께 계시다 함이라

에베소서 2:8

너희는 그 은혜에 의하여 믿음으로 말미암아 구원을 받았으니 이것은 너희에게서 난 것이 아니요 하나님의 선물이라

1. 주의 사자는 임신한 마리아를 아내로 데려오기를 망설이는 요셉에게 예수님이 어떤 분이며, 무엇을 위해 오신 분이라고 말했나요?(마 1:20-21)

2. 예수님의 다른 이름 '임마누엘'의 뜻은 무엇인가요?(마 1:23)

3. 바울은 우리가 예수님께 얻은 구원이 누구의 선물이라고 말하나요?(엡 2:8)

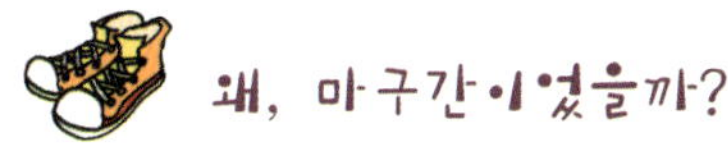

왜, 마구간이었을까?

당신이 선택할 수 있었다면, 세상에 태어날 때, 어떤 모습을 고르겠습니까?

예수님은 그저 세상에 오시는 것만으로도 위대한 희생을 하셨습니다.
그러나 거기서 멈추지 않으셨습니다.
화려한 궁전 대신 동물의 배설물이 여기저기 묻어 있는 마구간으로,
왕의 아들이나 로마의 군주의 자녀가 아닌 목수 요셉과 마리아의 자식으로,
왕관과 홀 대신 못과 망치를 선택하셨습니다.

왜 그렇게 하셨을까요?

그래야 가장 가난하고 천하고,
약한 모든 사람들의 구주가 되실 수 있기 때문입니다.

그래야 당신을 만날 수 있기 때문입니다.

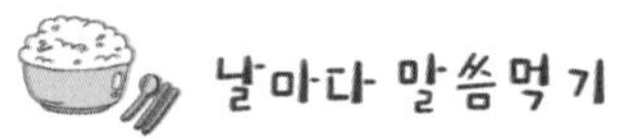

창세기	1	2	3	4	5	6	7	8	9	10	11	12	13	14	15	16	17	18	19	20	21	22	23	24	25
	26	27	28	29	30	31	32	33	34	35	36	37	38	39	40	41	42	43	44	45	46	47	48	49	50
출애굽기	1	2	3	4	5	6	7	8	9	10	11	12	13	14	15	16	17	18	19	20	21	22	23	24	25
	26	27	28	29	30	31	32	33	34	35	36	37	38	39	40										
레위기	1	2	3	4	5	6	7	8	9	10	11	12	13	14	15	16	17	18	19	20	21	22	23	24	25
	26	27																							
민수기	1	2	3	4	5	6	7	8	9	10	11	12	13	14	15	16	17	18	19	20	21	22	23	24	25
	26	27	28	29	30	31	32	33	34	35	36														
신명기	1	2	3	4	5	6	7	8	9	10	11	12	13	14	15	16	17	18	19	20	21	22	23	24	25
	26	27	28	29	30	31	32	33	34																
여호수아	1	2	3	4	5	6	7	8	9	10	11	12	13	14	15	16	17	18	19	20	21	22	23	24	
사사기	1	2	3	4	5	6	7	8	9	10	11	12	13	14	15	16	17	18	19	20	21				
룻기	1	2	3	4																					
사무엘상	1	2	3	4	5	6	7	8	9	10	11	12	13	14	15	16	17	18	19	20	21	22	23	24	25
	26	27	28	29	30	31																			
사무엘하	1	2	3	4	5	6	7	8	9	10	11	12	13	14	15	16	17	18	19	20	21	22	23	24	
열왕기상	1	2	3	4	5	6	7	8	9	10	11	12	13	14	15	16	17	18	19	20	21	22			
열왕기하	1	2	3	4	5	6	7	8	9	10	11	12	13	14	15	16	17	18	19	20	21	22	23	24	25
역대상	1	2	3	4	5	6	7	8	9	10	11	12	13	14	15	16	17	18	19	20	21	22	23	24	25
	26	27	28	29																					
역대하	1	2	3	4	5	6	7	8	9	10	11	12	13	14	15	16	17	18	19	20	21	22	23	24	25
	26	27	28	29	30	31	32	33	34	35	36														
에스라	1	2	3	4	5	6	7	8	9	10															
느헤미야	1	2	3	4	5	6	7	8	9	10	11	12	13												
에스더	1	2	3	4	5	6	7	8	9	10															
욥기	1	2	3	4	5	6	7	8	9	10	11	12	13	14	15	16	17	18	19	20	21	22	23	24	25
	26	27	28	29	30	31	32	33	34	35	36	37	38	39	40	41	42								
시편	1	2	3	4	5	6	7	8	9	10	11	12	13	14	15	16	17	18	19	20	21	22	23	24	25
	26	27	28	29	30	31	32	33	34	35	36	37	38	39	40	41	42	43	44	45	46	47	48	49	50
	51	52	53	54	55	56	57	58	59	60	61	62	63	64	65	66	67	68	69	70	71	72	73	74	75
	76	77	78	79	80	81	82	83	84	85	86	87	88	89	90	91	92	93	94	95	96	97	98	99	100
	101	102	103	104	105	106	107	108	109	110	111	112	113	114	115	116	117	118	119	120	121	122	123	124	125
	126	127	128	129	130	131	132	133	134	135	136	137	138	139	140	141	142	143	144	145	146	147	148	149	150
잠언	1	2	3	4	5	6	7	8	9	10	11	12	13	14	15	16	17	18	19	20	21	22	23	24	25
	26	27	28	29	30	31																			
전도서	1	2	3	4	5	6	7	8	9	10	11	12													
아가	1	2	3	4	5	6	7	8																	
이사야	1	2	3	4	5	6	7	8	9	10	11	12	13	14	15	16	17	18	19	20	21	22	23	24	25
	26	27	28	29	30	31	32	33	34	35	36	37	38	39	40	41	42	43	44	45	46	47	48	49	50
	51	52	53	54	55	56	57	58	59	60	61	62	63	64	65	66									
예레미야	1	2	3	4	5	6	7	8	9	10	11	12	13	14	15	16	17	18	19	20	21	22	23	24	25
	26	27	28	29	30	31	32	33	34	35	36	37	38	39	40	41	42	43	44	45	46	47	48	49	50
	51	52																							
예레미야애가	1	2	3	4	5																				
에스겔	1	2	3	4	5	6	7	8	9	10	11	12	13	14	15	16	17	18	19	20	21	22	23	24	25
	26	27	28	29	30	31	32	33	34	35	36	37	38	39	40	41	42	43	44	45	46	47	48		

다 니 엘	1	2	3	4	5	6	7	8	9	10	11	12													
호 세 아	1	2	3	4	5	6	7	8	9	10	11	12	13	14											
요 엘	1	2	3																						
아 모 스	1	2	3	4	5	6	7	8	9																
오 바 댜	1																								
요 나	1	2	3	4																					
미 가	1	2	3	4	5	6	7																		
나 훔	1	2	3																						
하 박 국	1	2	3																						
스 바 냐	1	2	3																						
학 개	1	2																							
스 가 랴	1	2	3	4	5	6	7	8	9	10	11	12	13	14											
말 라 기	1	2	3	4																					

마태복음	1	2	3	4	5	6	7	8	9	10	11	12	13	14	15	16	17	18	19	20	21	22	23	24	25
	26	27	28																						
마가복음	1	2	3	4	5	6	7	8	9	10	11	12	13	14	15	16									
누가복음	1	2	3	4	5	6	7	8	9	10	11	12	13	14	15	16	17	18	19	20	21	22	23	24	
요한복음	1	2	3	4	5	6	7	8	9	10	11	12	13	14	15	16	17	18	19	20	21				
사도행전	1	2	3	4	5	6	7	8	9	10	11	12	13	14	15	16	17	18	19	20	21	22	23	24	25
	26	27	28																						
로 마 서	1	2	3	4	5	6	7	8	9	10	11	12	13	14	15	16									
고린도전서	1	2	3	4	5	6	7	8	9	10	11	12	13	14	15	16									
고린도후서	1	2	3	4	5	6	7	8	9	10	11	12	13												
갈라디아서	1	2	3	4	5	6																			
에 베 소 서	1	2	3	4	5	6																			
빌 립 보 서	1	2	3	4																					
골 로 새 서	1	2	3	4																					
데살로니가전서	1	2	3	4	5																				
데살로니가후서	1	2	3																						
디모데전서	1	2	3	4	5	6																			
디모데후서	1	2	3	4																					
디 도 서	1	2	3																						
빌 레 몬 서	1																								
히 브 리 서	1	2	3	4	5	6	7	8	9	10	11	12	13												
야 고 보 서	1	2	3	4	5																				
베드로전서	1	2	3	4	5																				
베드로후서	1	2	3																						
요 한 일 서	1	2	3	4	5																				
요 한 이 서	1																								
요 한 삼 서	1																								
유 다 서	1																								
요한계시록	1	2	3	4	5	6	7	8	9	10	11	12	13	14	15	16	17	18	19	20	21	22			

토틴만의 특별한 커리큘럼

◆ 기초튼튼 과정

새 친구를 위한 복음의 핵심

- 창조, 하나님이 하신 일
- 죄, 하나님을 슬프게 하는 일
- 예수님, 우리를 위한 선물
- 거듭남, 변화된 삶을 향해
- 성령, 도우시는 하나님
- 성경, 살아있는 생명의 말씀
- 교회, 예수님의 몸
- 예배, 하나님을 기쁘시게

신구약을 꿰뚫는 한눈에 보는 성경

구약이야기

- 창조와 타락 최초의 사람들
- 족장시대 약속을 받은 사람들
- 모세와 출애굽 약속의 땅을 향해
- 가나안 정복 젖과 꿀이 흐르는 땅
- 사사시대 시련과 실수
- 통일왕국시대 세 왕 이야기
- 분열왕국시대 하나님을 떠난 이스라엘
- 바벨론 유수와 포로 귀환 다시 세우는 이스라엘

신약이야기

- 예수님의 세 가지 사역
- 십자가와 부활, 승천
- 초대교회의 탄생
- 박해받는 초대교회
- 교회의 부흥과 베드로의 사역
- 안디옥 교회와 최초의 선교사
- 바울의 전도여행
- 로마로 향하는 바울

◆ 1권-3권

1권(1-4월) 하나님 안에서의 나의 신분

하나님 안에서의 나의 신분

- 나를 지으신 주님
- 사랑받는 나
- 나는 부족하더라도
- 하나님 아버지의 마음
- 나는 주님의 기쁨
- 축복의 통로
- 나는 주님의 성전
- 주의 전신갑주를 입고

사순절과 기쁨의 50일 I

- 아들을 보내신 하나님
- 사람으로 오신 예수님
- 죄인의 친구
- 선한 목자
- 십자가를 지심
- 살아나신 그리스도
- 마라나타
- 성령의 열매

2권(5-8월) 거듭남 그 이후

거듭남의 비밀

- 집중분석, 죄
- 진정한 회개
- 위대한 용서
- 하나님의 무한사랑
- 거듭남1. 제2의 인생
- 거듭남2. 거듭남의 축복
- 거듭남3. 성장의 비밀
- 거듭남4. 구원의 확신

그리스도인의 삶

- 예수님을 만난 후
- 주님만 높이는 삶
- 진정한 기쁨이란
- 서로 사랑하기
- 남을 향한 손가락
- 가장 어려운 일, 용서
- 선한 영향력을 미치는 삶
- 하늘에 속한 그리스도인

3권(9-12월) 비유로 배우는 하나님 나라

비유로 배우는 하나님 나라

- 소금과 빛
- 반석 위에 지은 집
- 선한 사마리아인
- 결실을 맺는 땅
- 포도원 품꾼
- 열 처녀 이야기
- 달란트 비유
- 양과 염소의 비유

청소년의 삶과 고민

- 스타에 열광하는 당신
- 따돌림도 죄가 되나요?
- 누가 좀 말려줘요!
- 그리스도인의 이성교제

대림절과 크리스마스 I

- 약속 그대로
- 성탄목의 의미
- 찬송을 넘어 기쁨으로
- 성탄예배 선물

◆ 4권-6권

4권(1-4월) 나는 예배자

나는 예배자
- 나는 예배자
- 춤추는 예배자 다윗
- 멈출 수 없는 예배
- 예배의 네 기둥
- 찬양과 예배
- 함께 드리는 기도
- 드림의 비밀
- 안식일의 주인

사순절과 기쁨의 50일 II
- 향유를 부은 마리아
- 예루살렘으로 가는 길
- 마지막 설교, 한 알의 밀
- 고난과 영광의 길
- 부활하신 주님
- 디베랴 바닷가
- 감람산에서
- 마가의 다락방

5권(5-8월) 그리스도인의 관계형성

그리스도인의 관계형성
- 부모님 공경하기
- 싸우는 가정
- 깨어진 가정
- 믿지 않는 가정
- 다윗의 친구 요나단
- 중풍병자의 네 친구
- 우정의 황금률1. 선한 충고
- 우정의 황금률2. 섬김

믿음의 영웅들
- 믿음의 영웅들
- 순종하는 믿음, 노아
- 내려놓음의 축복, 아브라함
- 시련을 이기는 믿음, 요셉
- 인생을 바꾼 믿음, 라합
- 기적을 부르는 믿음, 바디매오
- 믿기 어려울 때
- 칭찬받는 믿음

6권(9-12월) 어려운 질문

기도 베이직
- 기도 베이직
- 기도의 모범답안, 주기도문
- 어려울 때 드리는 기도
- 응답받는 믿음의 기도

어려운 질문
- 응답받지 못하는 기도의 이유는?
- 사탄은 정말로 있을까?
- 지옥은 정말로 있을까?
- 이단이 도대체 뭐야?
- 중독, 어두운 그림자
- 내가 고통당할 때 하나님은 어디 계시는가?
- 내가 믿음 때문에 손가락질 당할 때 하나님은 어디 계시는가?
- 내가 죽고 싶을 때 하나님은 어디 계시는가?

크리스마스 대림절과 II
- 가브리엘의 방문
- 성령으로 기뻐한 사람들
- 베들레헴에 오신 왕
- 성탄예배 찬송하는 목자들

◆ 7권-9권

7권(1-4월) 하나님과 친밀함 누리기

하나님과 친밀함 누리기
- 하나님의 우선순위
- 하나님은 나의 주?
- 인생 나침판
- 친밀함으로 한걸음 말씀읽기
- 친밀함으로 한걸음 말씀처럼
- 친밀함으로 한걸음 거룩하게
- 성령님과 함께 걸어요
- 주님 다시 오실때까지

사순절과 기쁨의 50일 III
- 약속
- 약속으로의 초대
- 거절당한 예수님
- 마지막 수업
- 흔들 수 없는 결심
- 가상칠언
- 부활의 증인되기
- 성령받은 후에

8권(5-8월) 여호와의 리더십 학교

내면의 삶 가꾸기
- 걱정거리
- 열등감
- 탐욕
- 분노
- 강요
- 위선
- 영적 실패
- 경시

여호와의 리더십 학교
- 희생과 섬김
- 사람 끌어안기
- 하나님께 묻는 리더
- 모세의 링커십
- 여호수아의 팔로어십
- 반면교사 솔로몬
- 느헤미야 프로젝트
- 리더 임명식

9권(9-12월) 성숙한 교회 공동체

성숙한 교회 공동체
- 그리스도의 몸 된 교회
- 하나의 교회
- 한몸된 지체를 사랑하는 교회
- 예배공동체
- 품어주고 회복시키는 교회
- 쓰다남은 부스러기
- 선교하는 공동체
- 뜨겁든지 차갑든지

전도
- 주님의 부르심
- 나의 프로필
- 잃어버린 한 영혼
- 나만의 전도스타일

크리스마스 대림절과 III
- 공의의 빛
- 기이한 빛
- 세상의 빛
- 성탄예배 빛의 축제

토틴시리즈 3. 비유로 배우는 하나님 나라

1판 1쇄 2011년 11월 15일
1판 8쇄 2017년 1월 5일
2판 5쇄 2024년 9월 20일

지은이 토기장이 교재연구팀
일러스트 김미용
대표 조애신
책임편집 김정민, 조미래
편집 이소연
디자인 지은주, 임은미
마케팅 전필영
경영지원 전두표

발행처 도서출판 토기장이
주소 서울시 마포구 동교로 71-1 신광빌딩 2F
출판등록 1998년 5월 29일 제1998-000070호
전화 02-3143-0400
팩스 0505-300-0646
이메일 tletter77@naver.com
인스타그램 togijangi_books_

ISBN 978-89-7782-243-6

도서출판 토기장이는 생명 있는 책만 만듭니다.
"우리는 진흙이요 주는 토기장이시니 우리는 다 주의 손으로 지으신 것이니이다" (이사야 64:8)